En tiempos difíciles

Yanitzia Canetti

Ilustrado por
Romont Willy

Managing Editor: Priscilla Colón
Editors: David Mallick, Heidie Gutierrez
Illustrator: Romont Willy
Designer: Ricardo Potes

Published in the United States by BrickHouse Education.
BrickHouse Education is a division of Cambridge BrickHouse, Inc.

Cambridge BrickHouse, Inc.
60 Island Street
Lawrence, MA 01840
U.S.A.

Library of Congress Cataloging-in-Publication Data

Canetti, Yanitzia, 1967-
  [When times are tough. Spanish]
  En tiempos difíciles / Yanitzia Canetti ; ilustraciones de Romont Willy. -- 1st ed.
     p. cm.
  ISBN 978-1-59835-102-6 (alk. paper)
  1. Families--Economic aspects--Juvenile literature. 2. Unemployed--Juvenile literature.
  3. Thriftiness--Juvenile literature. I. Willy, Romont. II. Title.

HQ744.C3618 2009
306.85086'942--dc22
                                                    2009045356

First Edition
Printed in Singapore
10 9 8 7 6 5 4 3 2 1

Muchas cosas pueden
cambiar en mi vida.
Mi familia dice que corren
tiempos difíciles...

En tiempos difíciles, puede que no podamos usar los videojuegos ni ver la tele todos los días.

—Hay que ahorrar energía —dice Mamá.

Pero podemos leer buenos libros
e inventar juegos nuevos.
¡Será divertido!

En tiempos difíciles, puede que no podamos ir a un restaurante todos los fines de semana.

—Hay que gastar menos —dice Papá.

Pero entre todos podemos preparar una comida
bien sabrosa y sentirnos más a gusto en casa.
¡Qué rico!

En tiempos difíciles, puede que no podamos comprar ropa nueva a cada rato.

—Tenemos suficiente —dice Mamá.

Pero podemos regalar la ropa que ya no usamos.
Podemos cuidar más la ropa que tenemos.
¡Y hasta podemos añadir detalles para que la
ropa luzca diferente!

En tiempos difíciles, puede que Papá deje de trabajar en la fábrica de muebles.

—No te preocupes. Papá sabe muchos oficios —dice Mamá.

Papá puede trabajar en casa.
Puede reparar los muebles de los vecinos.
Puede arreglar mi silla rota.
Puede inventar muebles asombrosos.
¡Y puede pasar más tiempo con nosotros!

En tiempos difíciles, puede que no podamos tener tantos juguetes.

—¡Ya tienen muchos! —dice Papá.

Pero podemos regalar los juguetes que no usamos.
También podemos crear nuestros propios juguetes.
¡Y podemos hacer juguetes para otros niños!

En tiempos difíciles, puede que no podamos viajar en las vacaciones.

—Conoceremos mejor nuestra ciudad —dice Mamá.

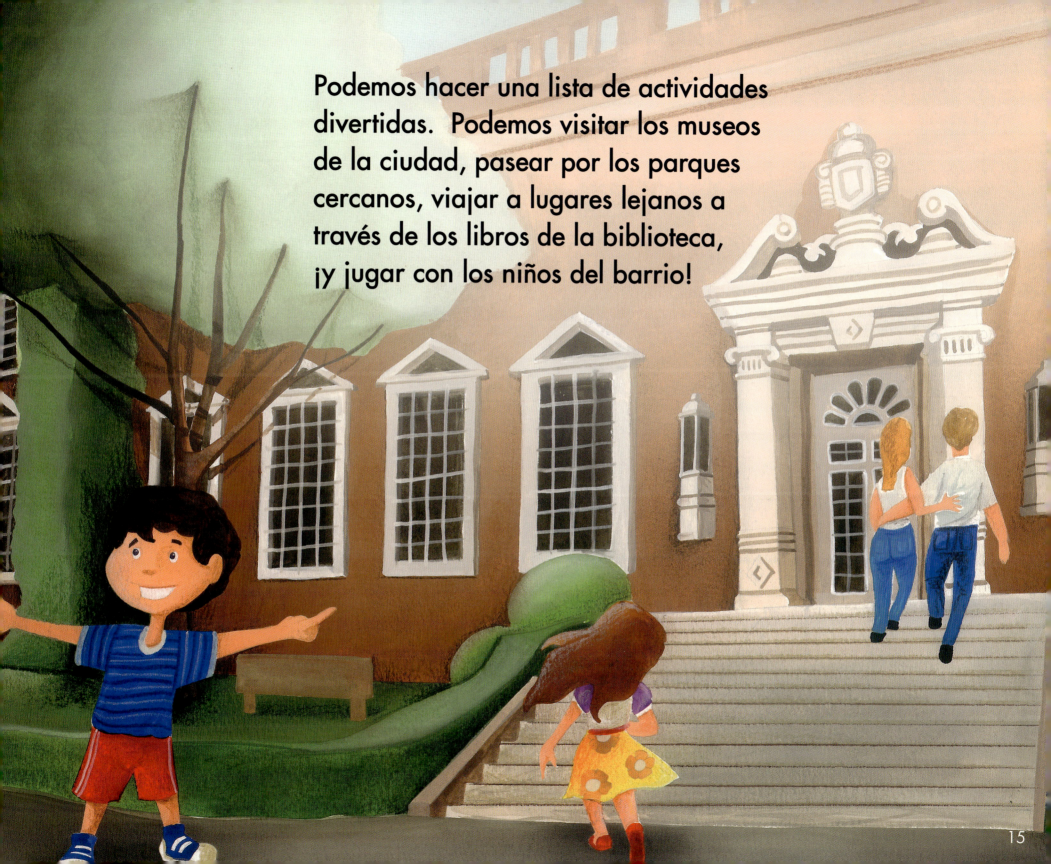

Podemos hacer una lista de actividades divertidas. Podemos visitar los museos de la ciudad, pasear por los parques cercanos, viajar a lugares lejanos a través de los libros de la biblioteca, ¡y jugar con los niños del barrio!

15

En tiempos difíciles, puede que no podamos
ir a las clases de *ballet* o de karate.

—Haremos otras actividades
—dice Papá.

Podemos asistir a cursos gratuitos de la comunidad. Podemos enseñarles a otros niños lo que nosotros aprendimos en las clases de *ballet* y de karate.

En tiempos difíciles, puede que no podamos ir a los campamentos de verano.

—¡Es hora de explorar en familia! —dice Mamá.

Podemos hacer caminatas por el campo, comenzar una colección de cosas maravillosas, ir a pescar al río, tener un almuerzo en el parque, ¡y hasta podemos ver juntos el atardecer!

En tiempos difíciles, puede que no podamos contratar al payaso o al mago en mi cumpleaños.

—¡Llegó la hora de actuar!
—dice Papá.

Podemos hacer trucos de magia que nadie se sepa. Podemos preparar obras graciosas y contar los chistes de la familia. ¡Podemos improvisar!

En tiempos difíciles, puede que no podamos ir en carro a todas partes.

—¡Es hora de hacer ejercicio! —dice Mamá.

Podemos caminar a la tienda de la esquina e ir en bici a visitar a los vecinos. Será fabuloso disfrutar al aire libre, compartir en familia y mantenernos saludables.

En tiempos difíciles,
puede que tengamos que vender
objetos que no son tan útiles.

—¿No crees que tenemos
demasiado? —pregunta Papá.

Podemos elegir los objetos más útiles y así nos quedará más espacio para jugar. Podemos divertirnos decorando la casa. ¡Y podemos encontrar más fácilmente las cosas perdidas!

En tiempos difíciles,
puede que tengamos muchas dudas.

—Pregunten lo que quieran; estamos
en familia —dice Papá.

Podemos compartir lo que pensamos y aportar buenas ideas para solucionar problemas. Podemos colaborar con las labores de la casa.
¡Y podemos conocernos mejor!

En tiempos difíciles, puede que Mamá y Papá estén a veces un poco preocupados.

—Pero estamos juntos —dice Mamá.

Mi hermana y yo podemos buscar
un modo gracioso de hacer sonreír
a Mamá y Papá.

En tiempos difíciles, puede que tengamos
que mudarnos de la calle Sunflower.

—Tendremos una casa más bonita
algún día —dicen mis padres.

Podemos ir a vivir por un tiempo a casa de los abuelos o de los tíos. Abuelo nos contará chistes. Abuela nos hará comidas riquísimas. ¡Y podemos jugar con los primos todos los días!

Sí, mi familia tiene razón.
Corren tiempos difíciles.
Pero si estamos juntos y
buscamos soluciones,
todo será más fácil.

—Después de la tormenta,
brilla el sol —dice Abuela
Aurora.